WÜNSCHE,

die von

Herzen

kommen

GROH

Wenn man sich etwas
wirklich wünscht,
dann muss man sein Herz
daran hängen.

CLAUDINE DELVILLE

Wenn du drei Wünsche frei hättest,
welche wären es?

Mehr Zeit für dich zu haben?
Die lang ersehnte Traumreise zu machen?
Dich mit einem bestimmten Menschen
wieder zu versöhnen?

Was immer es auch sein mag:
Ich wünsche dir,
dass deine Wünsche in Erfüllung gehen.
Dass du den Mut hast,
der zu sein, der du bist – und die Kraft,
das zu werden, was du sein möchtest.

Das Leben ist ein Abenteuer.

Was wir daraus machen, liegt in unserer Hand.
Jeden Tag entscheiden wir aufs Neue,
welchen Weg wir einschlagen – und welchen nicht.

Ich wünsche dir,
dass du die Richtung findest,
die für dich persönlich stimmt.

Es gibt Wünsche,
an denen wir festhalten,

weil sie große Bedeutung für uns haben.
Andere verlieren im Laufe der Zeit an Wichtigkeit.

Ich wünsche dir die Stärke,
Vergangenes loszulassen und deine Kräfte
ganz auf dein Ziel zu konzentrieren.

Unsere Wünsche
sind Vorgefühl der Fähigkeiten,
die in uns liegen.

JOHANN WOLFGANG VON GOETHE

Wünsche können all unsere Kräfte mobilisieren,

unserer Sehnsucht einen Namen geben:
Das Haus am Meer, eine neue Arbeitsstelle,
die Geburt eines Kindes,
die Genesung eines guten Freundes …

Ich wünsche dir, dass du erkennst,
welche deiner Wünsche
die wirklich wichtigen sind.

Dass du unter den hellen Sternen am Himmel
deinen Stern findest, das wünsche ich dir:
den, der für dich leuchtet, wenn es dunkel ist,
der dir den Weg weist, wenn du unterwegs
die Richtung verloren hast,

*und der dir Glück bringt,
wenn du danach suchst.*

Wenn der Weg unendlich scheint
und plötzlich nichts mehr gehen will,
wie du es wünschst – gerade dann
darfst du nicht zaudern.

DAG HAMMARSKJÖLD

Ich wünsche dir, dass du …

… öfter mal unvernünftig bist.
… ab und zu ein Risiko eingehst.
… auch mal in See stichst, ohne bereits den nächsten Hafen zu kennen.
… das einzigartige Gefühl kennst, etwas gewagt und ganz viel gewonnen zu haben.

Dass du unsterblich bist,
das wünsche ich dir nicht.
Aber dass du das Leben intensiv lebst,
fühlst, riechst, schmeckst,
dass du dir Zeit nimmst zu verweilen,
um dich zu freuen, zufrieden zu sein,
Glück zu spüren und Kräfte zu sammeln,

das wünsche ich dir.

Wir müssen von Zeit zu Zeit
eine Rast einlegen und warten,
bis unsere Seelen uns wieder
eingeholt haben.

INDIANISCHE WEISHEIT

Du bist ein ganz besonderer Mensch

mit vielen Begabungen und Fähigkeiten.
Dass du diese erkennst und schätzt,
dass du nicht den Vergleich mit anderen suchst,
sondern an das glaubst,
was du für richtig und wertvoll hältst,
das wünsche ich dir.

Ich wünsche dir, dass du deine eigene Mitte findest

und dich nichts so leicht
aus dem Gleichgewicht bringt.
Dass du für Steine, die dir in den Weg
gelegt werden, eine gute Verwendung findest,
und dich nichts entmutigen kann.

Wünsche sind
die beachtlichsten Brückenbauer
und die mutigsten Begeher.

ELFRIEDE HABLÉ

Was will ich wirklich? Was tut mir gut?

Wenn du einen bestimmten Weg
einschlagen willst, brauchst du Klarheit
darüber, welches Ziel du hast.

Oft heißt das auch, andere Wünsche aufzugeben –
– um mit mehr Energie und Leichtigkeit
den einen großen Traum zu verwirklichen.

Manche Pläne lassen sich nur verwirklichen,
wenn man auf die Unterstützung
von anderen bauen kann.

Ich wünsche dir Menschen,
die dir mit Rat und Tat zur Seite stehen,
wenn du zu neuen Ufern aufbrichst,
und dass du bereit bist,
ihre Hilfe anzunehmen.

Glück ist es, den Wunsch eines Freundes zu erraten;
noch mehr Glück ist es, ihm diesen Wunsch zu erfüllen.

ANGELIKA EMMERT

Überraschungen aus heiterem Himmel,

Sonnenstrahlen, die in der Nase kitzeln,
übermütiges Kinderlachen,
ein Brief vom anderen Ende der Welt:

Ich wünsche dir besondere Momente
im Alltag, die dir auf deinem Weg
unverhofft Rückenwind geben.

Ich wünsche dir Zeit zum Leben.

Zeit, um sie dir und anderen zu schenken.
Zeit zum Durchatmen und zum Träumen.
Zeit zum Lachen und Überschnappen.
Zeit für die vielen Wunder dieser Welt
und all das, was unbezahlbar ist.
Damit am Ende deiner Lebensreise
ein Lächeln bleibt.

Es gibt nur einen Weg, glücklich zu werden:
der Stimme seines Gefühls, seines Herzens zu folgen.

LUISE VON MECKLENBURG-STRELITZ

Manchmal passieren Dinge im Leben,

die nie hätten passieren dürfen.
Ereignisse, die uns am Guten in der Welt
oder am Menschen zweifeln lassen.

Gerade dann wünsche ich dir die Kraft
durchzuhalten, wieder aufzustehen
und weiterzugehen.

Dass sich dein großer Herzenswunsch erfüllt,
das wünsche ich dir. Dass sich die Anspannung löst
und einem kribbelnden Glücksgefühl weicht,
dass du aufatmen und vor Freude tanzen kannst.
Und dass eine innere Stimme dir sagt:

*Es hilft wirklich,
das Wünschen.*

In jedem Wünschen
liegt schon ein Schimmer von Glück.

HANS MARGOLIUS

Meine Wünsche kommen von Herzen

und begleiten dich, wohin dein Weg
dich auch führt.

Ich wünsche dir, dass du dich
auf das Gute in deinem Leben konzentrierst
und jeden Abend dankbar bist für das,
was dein Leben reich und einzigartig macht.

Hier werden Wünsche wahr.

Jede Menge Mut, Kraft und Motivation finden Sie auf:

www.groh.de
facebook.com/grohverlag

Bildnachweis:
Cover: ZenShui/Michele Constantini/PhotoAlto Agency RF Collection/Getty Images; S. 5: Mitch Diamond/Digital Vision/Getty Images; S. 6 u. Rückseite d. Covers: PhotoAlto/Odilon Dimier/PhotoAlto Agency RF Collections/Getty Images; S. 8/9: Alex Linghorn/Photodisc/Getty Images; S. 10: Martin Harvey/Gallo Images/Getty Image; S. 13: Cultura RM/Henn Photography/Collection Mix: Subjects/Getty Images; S. 14/15: John Coletti/Photographer‘s Choice/Getty Images; S. 16: plainpicture/Mato; S. 19: ZenShui/Laurence Mouton/PhotoAlto Agency RF Collections/Getty Images; S. 20/21: Raimund Linke/Photodisc/Getty Images; S. 22: ZenShui/Odilon Dimier/PhotoAlto Agency RF Collections/Getty Images; S. 25: Jacob Wackerhausen/iStock/Thinkstock; S. 26/27: Son Gallery-Wilson Lee/Moment Open/Getty Images; S. 28: Allard Schager/Moment Open/Getty Images; S. 31: StevanZZ/Shutterstock; S. 32/33: samyaoo/Moment/Getty Images; S. 34: Nooneoui/iStock/Thinkstock; S. 37: macknimal/Shutterstock; S. 38/39: VisitBritain/Britain on View/Britain On View/Getty Images; S. 40: iStock/shank_ali; S. 43: iliaso/Moment Open/Getty Images; S. 44/45: plainpicture/Kniel Synnatzschke; S. 47: SHOSEI/Aflo/Getty Images. Hintergrundmotiv Innenlayout: iStock/Krystian Nawrocki.

Textnachweis:
Wir danken allen Autoren bzw. deren Erben, die uns freundlicherweise die Erlaubnis für den Abdruck der Aphorismen erteilt haben.

Idee und Konzept:

ISBN 978-3-8485-1260-7

Die nachhaltige Waldbewirtschaftung und die verantwortungsvolle Gewinnung des Rohstoffs Papier ist uns ein Anliegen. Daher werden alle Buch- und Kalender-Neuheiten auf FSC®-zertifiziertem Papier gedruckt.

FSC www.fsc.org
MIX
Papier aus verantwortungsvollen Quellen
FSC® C011862

147006-4355-01

TRÄUMEREIEN WÜNSCH DIR WAS

GLÜCK OPTIMISMUS

KLEINE WUNDER

Einen guten Tag ein JA SCHENKEN

Unsere Wünsche stehen für das, wovon wir träumen und wonach wir streben. Wenn uns jemand etwas wünscht, bestärkt uns dies. Wir wissen: Ich bin nicht allein auf meinem Weg, jemand glaubt an mich. Ganz gleich, was man gerade braucht: viel Glück, viel Kraft oder etwas Mut. Seit 1928 formulieren und übermitteln wir bei GROH Wünsche, die von Herzen kommen. Alles Gute!

Ihr Joachim Groh